BEI GRIN MACHT SICH IHR WISSEN BEZAHLT

- Wir veröffentlichen Ihre Hausarbeit,
  Bachelor- und Masterarbeit

- Ihr eigenes eBook und Buch -
  weltweit in allen wichtigen Shops

- Verdienen Sie an jedem Verkauf

Jetzt bei www.GRIN.com hochladen
und kostenlos publizieren

Bibliografische Information der Deutschen Nationalbibliothek:

Die Deutsche Bibliothek verzeichnet diese Publikation in der Deutschen National-
bibliografie; detaillierte bibliografische Daten sind im Internet über http://dnb.d-
nb.de/ abrufbar.

Impressum:

Copyright © 2014 GRIN Verlag, Open Publishing GmbH
Druck und Bindung: Books on Demand GmbH, Norderstedt Germany
ISBN: 9783656838722

Dieses Buch bei GRIN:

http://www.grin.com/de/e-book/282655/bindung-und-emotionsregulation-im-
erwachsenenalter

Joy Baruna

Bindung und Emotionsregulation im Erwachsenenalter

GRIN Verlag

GRIN - Your knowledge has value

Der GRIN Verlag publiziert seit 1998 wissenschaftliche Arbeiten von Studenten, Hochschullehrern und anderen Akademikern als eBook und gedrucktes Buch. Die Verlagswebsite www.grin.com ist die ideale Plattform zur Veröffentlichung von Hausarbeiten, Abschlussarbeiten, wissenschaftlichen Aufsätzen, Dissertationen und Fachbüchern.

Besuchen Sie uns im Internet:

http://www.grin.com/

http://www.facebook.com/grincom

http://www.twitter.com/grin_com

Freie Universität Berlin

Blockseminar „Emotionale und motivationale Entwicklung über die Lebensspanne"

SoSe 2014

Ausarbeitung zum Thema

BINDUNG UND EMOTIONSREGULATION

IM ERWACHSENENALTER

Inhaltsverzeichnis

1 Einleitung

„Wir alle sind, von der Wiege bis zum Grab, am glücklichsten, wenn unser Leben wie eine Serie von langen oder kurzen Ausflügen um die sichere Basis, die unsere Bezugspersonen bieten, organisiert ist." (Bowlby, 1988 zit. nach Jeanette Schmieder & Hans Leitner, 2013, S.2). Laut Bowlby werden frühe Bindungserfahrungen in einem internalen Arbeitsmodell gespeichert. Insbesondere in kritischen oder bedrohlich wirkenden Situationen steuern demnach Erwartungen bezüglich des Verhaltens der Bezugsperson das Verhalten des Kindes (vgl. Asendorpf & Banse, 2000). Auch wenn die Stabilität frühkindlicher Bindungsstile und der Grad des Einflusses dieser ersten Bindungserfahrungen auf spätere Paarbeziehungen im Erwachsenenalter kontrovers diskutiert werden, so besteht bislang die Annahme, dass sich frühe Bindungserfahrungen in irgendeiner Form auf die Art des späteren Bindungsstils in Paarbeziehungen auswirken (vgl. Asendorpf & Banse, 2000; Fraley, 2010). Mikulincer und Shaver haben sich in „Attachment in adulthood: Structure, dynamics, and change" (2007) mit der Frage beschäftigt, inwieweit Emotionsregulation im Erwachsenenalter von der Qualität früher Bindungserfahrungen abhängt und welche Methoden der Regulation mit welchen Bindungsmustern einher gehen. Im Folgenden wird sich auf ihre Ausführungen bezogen.

2. Bindung und Emotionsregulation

2.1 Hintergründe zum Zusammenhang von Bindung und Emotionsregulation

Emotionsregulation beschreibt „die Prozesse der Überwachung, Bewertung und Veränderung von Emotionen hinsichtlich ihrer Qualität, ihrer Intensität, der Dynamik ihres zeitlichen Verlaufs und ihres Ausdrucks" (Pinquart, Schwarzer & Zimmermann, 2011, S.192). Wenn das Erleben oder der Ausdruck von Emotionen aufgrund sozialer Normen, persönlicher Standards oder Selbstschutzmechanismen nicht möglich ist, dienen Regulationsprozesse dazu eine Balance beziehungsweise einen erwünschteren Zustand herzustellen oder es zumindest nach außen hin so wirken zu lassen. Laut Pinquart et al. (2011) gilt die Fähigkeit den Ausdruck der eigenen Emotionen zu kontrollieren als „kulturelle Anpassungsleistung". Auf diese Weise werden soziale Interaktionen erhalten und geregelt. „Die Situationen in denen diese Ausdrucksregeln gezeigt werden, sind kulturell verschieden" (S.187). Mikulincer und Shaver (2007) gehen in ihren Ausführungen vom Modell des Emotionsprozesses von Shaver,

Schwartz, Kirson und O' Connor aus (Abbildung 1). Ausgelöst werden Emotionen, wie in der Abbildung zu sehen, durch externe oder interne Veränderungen beziehungsweise Ereignisse. Setzen Regulationsprozesse ein, so werden alle Komponenten, wie Bewertungen, emotionsbezogene Gedanken, Handlungstendenzen sowie physische Prozesse beeinflusst. Nun stellt die Aktivierung des Bindungssystems bei Gefahr eine angeborene Form der Emotionsregulation dar. Die Suche nach Nähe und Unterstützung oder das Abrufen der inneren Repräsentation der Bindungsfigur, falls diese nicht physisch erreicht werden kann, ist die primäre Strategie und soll dazu dienen unerwünschte Emotionszustände zu verändern beziehungsweise einen positiveren Zustand wieder herzustellen.

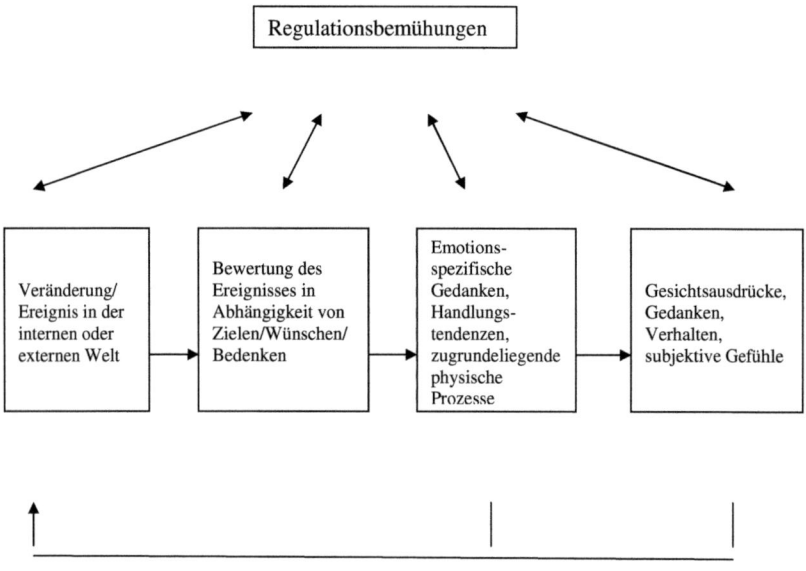

Abbildung 1. Ablaufschema des Emotionsprozesses. Quelle: Mikulincer & Shaver, 2007, S. 189 (Übers. d. Verf.)

3

2.2 Zweidimensionales Modell für Bindungsunterschiede

Laut Ravitz, Maunder, Hunter, Sthankiya und Lancee (2010) werden Bindungsunterschiede kategorisch oder dimensional erfasst. Dimensionale Modelle betrachten den Grad der Ausprägung von Bindungsvermeidung sowie Bindungsängstlichkeit einer Person und werden wie folgt definiert:

> Attachment anxiety is characterized by an expectation of separation, abandonment, or insufficient love; a preoccupation with the availability and responsiveness of others; and hyperactivation of attachment behavior. Attachment avoidance is characterized by devaluation of the importance of close relationships, avoidance of intimacy and dependence, self-reliance, and relative deactivation of attachment behavior. (S. 421)

Im klinischen Kontext werden eher kategorische Einteilungen verwendet. Wie Ravitz et al. (2010) beschreiben, lassen sich durch das Modell von Bartholomew und Horowitz dimensionale und kategorische Modelle vereint darstellen (Abbildung 2). Die vier Kategorien – besitzergreifende, abweisende, ängstliche und sichere Bindung – resultieren aus Kombinationen extremer Ausprägungen entlang der Dimensionen Bindungsängstlichkeit und Bindungsvermeidung. Eine sichere Bindung ist demnach gekennzeichnet durch das Fehlen oder eine sehr niedrige Ausprägung sowohl von Bindungsängstlichkeit als auch Bindungsvermeidung. Mikulincer und Shaver (2007) betrachten in ihren Ausführungen hauptsächlich Unterschiede in der Emotionsregulation bezüglich Bindungsängstlichkeit, Bindungsvermeidung und der sicheren Bindung.

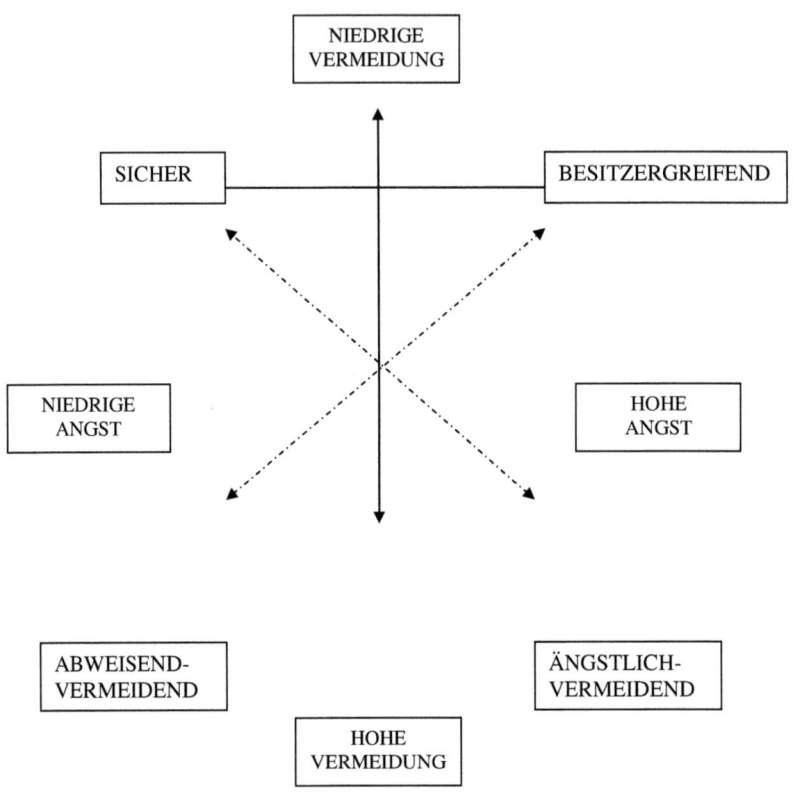

Abbildung 2. Quelle: Fraley, 2010, (Übers. d. Verf.)

2.3 Sichere Bindung und konstruktive Emotionsregulation

Sicher Gebundene haben durch Interaktionen mit feinfühligen Bindungsfiguren gelernt, dass die Suche nach Unterstützung in Problemlagen meist erfolgreich ist und Konflikte mit Hilfe anderer bewältigt werden können. Somit konnte sich ein positives Selbstbild sowie ein positives Bild der Umwelt entwickeln und konstruktive Methoden der Emotionsregulation.

5

Der Fokus liegt hierbei auf der Veränderung oder Neubewertung des Auslösers. Die Konfliktlösung steht im Vordergrund. Es kommt zu Relativierungen und Situationen können stressreduzierend bewertet werden. Durch die im Kontakt zu Bindungsfiguren erworbene Fähigkeit sich selbst zu beruhigen, ist eine weitestgehend autonome Emotionsregulation möglich. Außerdem können sicher gebundene Personen ihre Strategien und Überzeugungen revidieren oder abändern, falls dies nötig ist, ohne dass sie Selbstzweifeln verfallen. Gegebenenfalls wird bei anderen Personen Unterstützung gesucht, die bei der Bewältigung des Problems helfen könnten. Emotionen werden zugelassen und angemessen ausgedrückt. Zwar handelt es sich demnach um problemfokussierte Bewältigungsstrategien, es kann jedoch in äußerst belastenden Umständen auch zu distanzwahrendem Coping kommen. So wurde festgestellt, dass sicher gebundene Mütter mit gesunden Kindern oder Kindern mit einem leichten Herzfehler problemfokussiert reagierten und Unterstützung suchten, Mütter von Kindern mit einem schwerwiegenden Herzfehler neigten hingegen zu distanzwahrenden Strategien (Berant et al., 2001, zitiert nach Mikulincer & Shaver, 2007, S.202). Die Unterdrückung schmerzhafter Gefühle und Gedanken kann bei extremer Belastung notwendig sein und der Alltagsbewältigung dienen. So konnten in diesem Fall die Frauen weiterhin als Mütter funktionieren und innere sowie externe Ressourcen mobilisieren, um für das Wohl ihrer Kinder zu Sorgen. Flexibilität und Anpassungsvermögen ist auch im Zusammenhang mit Trennungen erkennbar. So stellte Sbarra (2006, zitiert nach Mikulincer & Shaver, 2007, S. 205) fest, dass sicher gebundene junge Erwachsene, die eine Trennung erlebt hatten, die Situation eher akzeptierten als ängstlich gebundene Personen, was wiederum zu einer schnelleren Stabilisierung und Erholung von Gefühlen wie Wut und Traurigkeit führte. Innerhalb einer Beziehung kann der Umgang von sicher gebundenen Personen mit Wut als kanalisiert, reguliert und zielgerichtet beschrieben werden. Wut dient nach Bowlby (1973, zitiert nach Mikulincer & Shaver, 2007) der Wiederherstellung einer Beziehung und ist als funktionale Antwort auf Trennungen von der Bindungsfigur aufzufassen, solange keine Rache- und Zerstörungsgedanken im Spiel sind. Bowlby (1973, zitiert nach Mikulincer & Shaver, 2007, S.191) prägte den Ausdruck „anger of hope" (S.191), denn hier wird deutlich, dass die Konfliktlösung und die Hoffnung auf eine klärende Diskussion mit dem Partner im Vordergrund steht. Das grundsätzlich positive Fremdbild sicher gebundener Individuen zeigte sich auch bei Untersuchungen der vorbewussten Aktivierung des Bindungssystems durch subliminales Priming, bei dem ein Reiz – in diesem Fall war es ein Wort – so schnell eingeblendet wurde, dass er bewusst nicht wahrnehmbar war. Im Gegensatz zum neutralen Priming führte bedrohliches Priming zu erhöhtem Zugang zu Gedanken an Nähe und Namen von sicherheitsgebenden Bindungsfiguren (Mikulincer et al., 2000; Mikulincer, Gillath & Shaver, 2007, zitiert nach Mikulincer & Shaver, 2007, S. 195). Gedanken an Trennung und Ablehnung waren hingegen weniger schnell zugänglich.

Es wurde auch untersucht, inwieweit sich Bindungsunterschiede auf die Art der Bewältigung von Todesangst auswirken. Mikulincer und Shaver gehen von der sozialpsychologischen Terror-Management-Theorie aus:

> According to terror management theory (J. Greenberg et al., 1997), human beings' knowledge that they are destined to die, coexisting with strong wishes to percive themselves as special, important, and immortal, makes it necessary for them to engage in self-promotion, to defend their cultural worldviews, and to deny their animal nature. (Mikulincer & Shaver, 2007, S.209-210)

Viele Untersuchungen zeigten, dass „experimentally induced death reminders" (Mikulincer & Shaver, 2007, S.210) zu negativeren Reaktionen unter anderem bezüglich moralischer Grenzverletzungen führen. Mikulincer et al. stellten allerdings fest, dass dies eher für unsicher gebundene als für sicher gebundene Menschen zutrifft (Caspi-Berkowitz, 2003; Mikulincer & Florian, 2000 zitiert nach Mikulincer & Shaver, 2007, S. 210).

Im Gegensatz zu ängstlich oder vermeidend gebundenen Personen, wurden sicher gebundene durch die Hervorhebung ihrer Sterblichkeit nicht bezüglich ihrer Beurteilung von moralischen Missetätern beeinflusst und forderten demzufolge keine härteren Strafen. (Caspi-Berkowitz, 2003; Mikulincer & Florian, 2000, zitiert nach Mikulincer & Shaver, 2007, S. 210). Mikulincer und Florian (2000, zitiert nach Mikulincer & Shaver, 2007) stellten fest, dass Hervorhebung von Sterblichkeit bei sicher Gebundenen zu einem Sinn für „symbolic immortality" (S.210) führte. Hier zeigt sich erneut eine konstruktive Strategie, die Menschen dazu veranlasst in die Ausbildung und Versorgung ihrer Kinder zu investieren, Kunst zu erschaffen oder sich in einer anderen Weise für Inhalte, Organisationen, etc. einzusetzen, die auch nach ihrem Tod fortbestehen. Außerdem reagierten sicher gebundene Personen mit erhöhtem Bindungsbedürfnis und gesteigertem Verlangen nach Intimität in Beziehungen (Mikulincer & Florian, 2000, zitiert nach Mikulincer & Shaver, 2007, S.210). Auch ein größeres Engagement bezüglich sozialer Interaktionen wurde festgestellt (Taubmann Ben-Ari, Findler, & Mikulincer, 2002, zitiert nach Mikuliincer & Shaver, 2007, S.210) und ein stärkerer Wunsch für andere Sorgen (Caspi-Berkowitz, 2003, zitiert nach Mikulincer &

Shaver, 2007, S.210). Diese Ergebnisse weisen darauf hin, dass sicher gebundene Personen sogar im Umgang mit der Angst vor dem Tod auf die primäre Strategie des Bindungssystems, der Suche nach Nähe und Unterstützung, zurückgreifen. Die Angst vor dem Tod dient hier symbolisch als Treibstoff, der dazu befähigt, sich für andere Menschen einzusetzen, sich persönlich weiterzuentwickeln und zu wachsen. Mikulincer und Shaver (2007) ziehen daraus weitreichende, gesellschaftliche Schlussfolgerungen:

> This makes it seem that being part of a loving, accepting human world – having strong emotional and caring bonds with others – is a pathway to self-transcendence (being part of a larger entity that transcendends one's biological self). It promotes a sense of symbolic immortality, making it less necessary to validate one's worldview and promote oneself and one's group. This suggests to us that fostering attachment security might contribute to world peace, whereas making people feel insecure, either dispositionally (in families) or centextually (in political speeches), may contribute to perpetual conflict and premature death. (S.210)

2.4 Bindungsbezogene Vermeidung und die Unterdrückung von Emotionen

Im Gegensatz zu sicher gebundenen Menschen haben vermeidend gebundene Personen durch Interaktionen mit kühlen, distanzierten Bindungsfiguren gelernt, dass Verletzlichkeit zu zeigen bestraft wird oder zu Zurückweisung und Ablehnung führt (Cassidy, 1994, zitiert nach Mikulincer & Shaver, 2007, S.193). Das oberste Ziel besteht demnach darin das Bindungssystem deaktiviert zu halten und Emotionen zu unterdrücken, die zu einer Aktivierung führen könnten (Main & Weston, 1982, zitiert nach Mikulincer & Shaver, 2007, S. 192). „Defensive inhibition is directed mainly at fear, anxiety, anger, sadness, shame, guilt, and distress, because these emotions are triggered by threats and can cause unwanted acitivation of the attachment system" (Mikulincer & Shaver, 2007, S.192). Außerdem können diese Emotionen laut Cassidy (1994, zitiert nach Mikulincer & Shaver, 2007, S.192) als Zeichen von Schwäche gedeutet werden und speziell Wut kann innerhalb einer Beziehung emotionale Beteiligung verraten. Vermeidend gebundene Personen streben jedoch nach Independenz, Selbstkontrolle und Stärke. Also wird Wut abgespalten. Mikulincer fand heraus, dass „Dissociated anger", wie er ihn beschrieb (1998b, zitiert nach Mikulincer & Shaver, 2007, S. 212) dementsprechend nicht von den Betroffenden direkt geäußert wurde, wenn sich eine andere Person ihnen gegenüber negativ verhielt. Es war jedoch starke physiologische Erregung erkennbar. Es existieren außerdem Belege dafür, dass sich vermeidend gebundene

Personen feindseliger und aggressiver verhalten als sicher gebundene und von Freunden als feindselig beschrieben werden (Hudson & Ward, 1997; Calamari & Pini, 2003; Magai, Hunziker, Mesias, & Culver, 2000; Mikulincer, 1998b; Troisi & D'Argenio, 2004; Zimmermann, 2004 zitiert nach Mikulincer & Shaver, 2007, S.212). Selbst positive Emotionen, wie Freude, können bei Menschen mit vermeidendem Bindungsstil Unwohlsein hervorrufen, denn sie stehen innerhalb einer Beziehung für Nähe, welche vermieden werden muss. Wie auch sicher Gebundene, versuchen vermeidend gebundene Personen Emotionen, die auf Bedrohungen hinweisen herunter zu regulieren. Allerdings beinhalten Regulationsbemühungen von sicher Gebundenen Kommunikation, Kompromissfindung und sind darauf ausgerichtet eine Beziehung zu erhalten oder wiederherzustellen. Das Umgehen beziehungsweise Minimieren von Nähe und Interdependenz von vermeidend gebundenen Menschen kann sich jedoch nachteilig auf Beziehungen auswirken. Die Weigerung oder Unfähigkeit mit Emotionen offen umzugehen und gegebenenfalls Unterstützung zu suchen führt zu distanzwahrenden Bewältigungsmechanismen. Die Strategien des „distancing coping" (Lazarus & Folkman, 1984, zitiert nach Mikulincer & Shaver, 2007, S.193) beschreiben Mikulincer und Shaver (2007) wie folgt: „ These regulatory attempts consist of denial or suppression of emotion-related thoughts and memories, diversion of attention away from emotion-related material, suppression of emotion-related action tendencies, and inhibition or masking of verbal and nonverbal expressions of emotion" (Mikulincer & Shaver, 2007, S.193). Das bewusste Erleben und der Ausdruck von Emotionen werden blockiert. Daher ist es unwahrscheinlich, dass emotionale Erlebnisse als Erinnerungen abgespeichert werden. Allerdings versagen die deaktivierenden und distanzwahrenden Bewältigungsmechanismen, wenn vermeidend gebundene Personen über einen langen Zeitraum extremen Belastungen ausgesetzt sind. Berant et al. (2001a, 2001b, zitiert nach Mikulincer und Shaver, S.203) stellten fest, dass vermeidend gebundene Mütter zu distanzwahrendem Coping neigten, wenn ihre Kinder gesund waren oder nur einen leichten Herzfehler hatten. Aber sie nutzten emotionsfokussierte Strategien, wenn bei ihrem Neugeborenen ein lebensgefährlicher Herzfehler diagnostiziert worden war. Es zeigte sich auch ein Jahr nach der Diagnose ein Anstieg dieser emotionsfokussierten Bewältigungsstrategie. Die Ergebnisse decken sich mit Bowlbys Idee (1980, zitiert nach Mikulincer & Shaver, 2007, S.203), nach der die isolierten Emotionen und mentalen Zustände von vermeidend gebundenen Individuen nicht vollkommen von der bewussten Wahrnehmung abgespalten werden können und dass verdrängtes Leid durch traumatische Erlebnisse gegebenenfalls wieder bewusst zugänglich wird. Die Tatsache, dass Abwehrmechanismen von vermeidend gebundenen Menschen unter Druck kollabieren wird auch bei Betrachtung der vorbewussten Aktivierung des Bindungssystems deutlich. Grundsätzlich bestand bei subliminalem Priming kein Zugang zu Gedanken an Trennungen oder Ablehnung. Sie wurden jedoch dann im Zuge des bedrohlichen Primings zugänglich, wenn eine „cognitive load" zu einer lexikalischen Aufgabe hinzugefügt wurde (Mikulincer et al., 2000, zitiert nach Mikulincer & Shaver, 2007, S.195). Was den Umgang mit Trennungen betrifft, so hängt die Reaktion vermeidend gebundener Personen von der Art der Trennung ab. Viele Studien belegten, dass Scheidungen und kriegsbedingte Trennungen, die eine Neuorganisation des Alltags und Veränderungen von Lebenszielen zur Folge haben, im Vergleich zu sicher gebundenen Personen zu höherem Stresslevel führten. Kürzere, vorläufige Trennungen oder die Aufhebung von lockeren Bindungen dagegen gingen mit niedrigerem Stress einher. Da vermeidend gebundene Menschen, wie bereits erwähnt insbesondere negative Emotionen unterdrücken, neigen sie auch dazu die Angst vor dem Tod zu dissoziieren. Sie fürchten das Unbekannte und die Unsicherheit, die der Tod mit sich bringt, weil ihr Ziel darin besteht Autarkie und Selbstkontrolle zu wahren Wie auch ängstlich gebundene Personen reagierten sie auf die Hervorhebung von Sterblichkeit mit einer größeren Bereitschaft für eine Sache zu sterben und sie beurteilten Menschen, die moralische Grenzen verletzten strenger (Caspi-Berkowitz, 2003; Mikulincer & Florian, 2000, zitiert nach Mikulincer & Shaver, 2007, S.210). Bezüglich des Ursprungs und der Bedeutung dieser verzerrten Reaktionen von sowohl ängstlichen als auch vermeidend gebundenen Menschen argumentieren Mikulincer und Shaver (2007):

Defensive, distorting reactions to mortality seem to result from recurrent failures of attachment figures to accomplish their protective, supportive, anxiety-buffering functions. As a result, insecure people lack a sense of continuity with and connection to the world, and are unable to rely on a solid psychological foundation that sustains vitality even in the face of mortality. (S.211)

In Folge dessen klammern sich unsicher gebundene Personen an bestimmte kulturelle Weltanschauungen und lassen keine anderen Ansichten zu. Auf diese Weise versuchen sie ihr wackliges Selbstkonzept zu sichern und ihrem Leben einen stärkeren Sinn zu verleihen.

2.5 Bindungsängstlichkeit und die Intensivierung unerwünschter Emotionen

Ängstlich gebundene Personen werden von dem unerfüllten, unbewussten Wunsch geleitet Aufmerksamkeit von Bindungsfiguren zu erhalten. Ungleich zu vermeidend gebundenen Menschen haben Personen mit ängstlichem Bindungsstil als Kind die Erfahrung gemacht, dass ein entspannter Zustand sowie das Sich-beruhigen-Lassen durch Bindungsfiguren die Gefahr in sich birgt, den Kontakt zu ihnen zu verlieren, da diese sich inkonsequent und ambivalent dem Kind gegenüber verhalten haben (Cassidy, 1994, zitiert nach Mikulincer & Shaver, 2007, S. 193). Ziel ist daher eine ständige Hyperaktivierung des Bindungssystems, die durch Betonung von Verletzlichkeit und Bedürftigkeit erreicht wird. Vorhandene Emotionen wie Angst, die Sorge verlassen zu werden, Selbstzweifel, werden fortwährend geschürt und intensiviert, um die Aktivierung aufrecht zu erhalten. In diesem Fall ist Emotionsregulation daher gleichzusetzen mit Intensivierung. Pessimistische Vorhersagen und Bewertungen, das Aufbauschen kleinerer Schwierigkeiten zu Katastrophen und emotionsfokussiertes Coping – wobei fortwährend auf potentielle Bedrohungen sowie interne oder physische Anzeichen von Unsicherheit und Angst geachtet oder gar unbewusst danach gesucht wird – tragen dazu bei, dass der Strom an negativen Gefühlen und Gedanken nicht versiegt. Mikulincer und Shaver (2007) umschreiben die psychische Struktur ängstlich gebundener Personen als „undifferenzierte, chaotische emotionale Architektur" (Übers. d. Verf., S.215). Obwohl sie leiden, können die den Kreislauf nicht durchbrechen und tragen paradoxerweise selbst zur Verstärkung ihres Leidens bei, indem sie selbstzerstörerische Entscheidungen treffen oder ineffektiv handeln. Untersuchungen von Maunder (2006, zitiert nach Mikulincer & Shaver, 2007, S.204) zeigten, dass ängstlich gebundene Personen bei der Konfrontation mit Stressfaktoren zwar über erhöhte Not berichteten, dies aber nicht anhand der gemessenen Herzfrequenz erkennbar war. Hier wird die Übertreibung des tatsächlichen Stresslevels ersichtlich. Stressminderung oder Probleme zu lösen kann irrelevant und kontraproduktiv erscheinen, weil auf diese Weise Kompetenz bewiesen wird, was dem Wunsch ängstliche Gebundener entgegensteht als hilflos angesehen zu werden. Auch könnte kompetentes Auftreten zum Verlust der Bindungsfigur führen (Cassidy & Berlin, 1994, zitiert nach Mikulincer & Shaver, 2007, S. 194). Aktiv Unterstützung zu suchen stellt sich als ebenso problematisch dar. Denn trotz ihres intensiven Wunsches nach Schutz und Sicherheit fällt es ängstlich gebundenen Personen schwer, direkt um Hilfe zu bitten, da sie Ablehnung oder die Nichterreichbarkeit von Bindungsfiguren fürchten. Stattdessen drücken sie ihren Wunsch eher indirekt aus, beispielsweise durch übertriebene Gesichtsausrücke, die Traurigkeit, Angst, etc.

erkennen lassen. Die existentielle Angst verlassen zu werden sowie das intensive Verlangen nach beinahe schon symbiotischer Nähe und Verbundenheit von ängstlich gebundenen Personen erklären die zum Teil extremen Reaktionen auf Trennungen. Untersuchungen von Davis, Shaver und Vernon (2003, zitiert nach Mikulincer & Shaver, 2007, S.205) ergaben, dass ängstlich gebundene Personen auf die Trennung von ihrem Partner mit Protest reagierten, mit erhöhter sexueller Anziehung den früheren Partner betreffend sowie mit Gefühlen von Identitätsverlust. Die Bedeutung des Partners wird überbetont und das Funktionieren im Alltag ist erheblich beeinträchtigt. Wie auch vermeidend gebundene neigen ängstlich gebundene Personen dazu, Trennungen mit Hilfe von Alkohol und Drogen zu verarbeiten. In Studien von Mikulincer, Florian, Birnbaum und Malishkevich (2002, zitiert nach Mikulincer & Shaver, 2007, S. 206), reagierten Personen mit hoher Bindungsängstlichkeit auf „separation reminders" mit mehr Gedanken, die mit dem Tod in Verbindung stehen. Hier wird die Angst vor Identitätsverlust besonders deutlich. Nicht verwunderlich ist daher, dass durch andere Studien wiederum eine erhöhte Zugänglichkeit von bindungsängstlichen Personen bezüglich Gedanken, die mit Tod assoziiert sind, belegt wurde (Mikulincer & Florian, 2000; Mikulincer, Florian, Birnbaum, et al., 2002, zitiert nach Mikulincer & Shaver, 2007). Todesangst konstruiert sich hier aus der Angst vor dem Verlust sozialer Identität (Florian & Mikulincer, 1998; Mikulincer et al., 1990, zitiert nach Mikulincer & Shaver, 2007, S.209). Die Angst vor Ablehnung tritt auch auf dieser Ebene deutlich hervor und der Tod gilt als „weiteres Beziehungssetting, in welchem sie verlassen und vergessen werden können" (Mikulincer & Shaver, 2007, S.209, Übers. d. Verf.). Die Untersuchungen der vorbewussten Aktivierung des Bindungssystems (Mikulincer et al., 2000; Mikulincer, Gillath, & Shaver, 2002, zitiert nach Mikulincer & Shaver, 2007) ergaben, dass Gedanken und an Trennung und Abweisung oder Wörter, die derlei Assoziationen hervorrufen, generell zugänglich waren, unabhängig davon, ob ein neutraler oder ein bedrohlicher subliminaler Reiz vorgegeben wurde. Durch die hyperaktivierenden Strategien werden demzufolge Gedanken bezüglich Ablehnung im Arbeitsgedächtnis abrufbar gehalten, auch wenn keine bedrohlichen Bedingungen vorherrschen. Die ständige Präsenz und Intensivierung negativer Emotionen könnte vermuten lassen, dass Wut auf den Partner sich in Form unkontrollierter Ausbrüche entlädt. Doch die allgegenwärtige Angst vor Ablehnung führt dazu, dass ängstlich Gebundene ihren Ärger zurückhalten oder gegen sich selbst richten. Wut kann daher eine „complex mixture" (S.213) diverser Emotionen enthalten, wie Mikulincer und Shaver (2007) feststellen: „resentment, hostility, self-criticism, fear, sadness, and depression" (S.213). Auch zeigte sich in Untersuchungen von Mikulincer (1998b, zitiert nach Mikulincer & Shaver, 2007, S.213), dass ängstlich gebundene Personen, während sie wütende Episoden erleben, negativere Reaktionen anderer Personen erwarten und dass sie die Intentionen ihres Partners negativer und weniger differenziert bewerten. Es wurde auch festgestellt, dass Bindungsängstlichkeit mit Gewalt innerhalb von Beziehungen einhergeht.

3. Zusammenfassung und Diskussion

Laut Mikulincer und Shaver (2007) kann der Bindungsstil eines Menschen viel über die Methoden der Emotionsregulation eines Menschen aussagen. Unterschiede in der Art des Bindungsmusters spiegeln sich in den Techniken der Emotionsregulation über die eine Person verfügt. Sicher gebundene Erwachsene, die durch sensible, feinfühlige Bindungsfiguren flexible und konstruktive Wege aufgezeigt bekommen haben Konflikte zu lösen und Probleme zu bewältigen, können ihre Gefühle erleben, anerkennen und sie angemessen ausdrücken. Dabei werden sie von ihren Emotionen nicht überwältigt, sondern sind in der Lage eine Balance zwischen den Anforderungen der Umwelt und dem eigenen Erleben und Ausdruck von Emotionen herzustellen. Sofern eine autonome Regulation nicht möglich ist, bitten sicher gebundene Erwachsene um Unterstützung, um ein bestimmtes Problem zu lösen. Vermeidend gebundene Personen hingegen unterdrücken oder verleugnen ihre Emotionen und verstecken ihre Verletzlichkeit. Sie setzen vornehmlich auf Unabhängigkeit, Selbstkontrolle und Eigenständigkeit. Auch in Beziehungen wahren vermeidend gebundene Erwachsene Distanz und können sogar Schwierigkeiten haben positive Emotionen zuzulassen und zu zeigen. Bindungsängstliche Personen leben in Habachtstellung und befinden sich konstant in einem negativen Emotionskreislauf. Sie schüren Selbstzweifel und Ängste, um ein unzulängliches, hilfloses, verletzliches Selbstbild aufrechtzuerhalten und um den Kontakt zu Bindungsfiguren herzustellen oder nicht zu verlieren. Unterschiede in den Methoden der Emotionsregulation zeigen sich exemplarisch im Hinblick auf den Umgang mit Trennungen und Wut innerhalb von Paarbeziehungen. Außerdem sind Differenzen bezüglich der Bewältigung von Todesangst zu erkennen. Die Grundängste von Bindungsängstlichen und Personen mit vermeidender Bindung – die Angst verlassen zu werden und die Angst vor Kontrollverlust – tauchen auch bei der Zerlegung des Konstrukts „Todesangst" auf.

Bei der Betrachtung des Zusammenhangs von Methoden der Emotionsregulation und Bindungsstilen bleibt die Frage offen, inwieweit Bindungsmuster sich im Laufe des Lebens verändern und falls dem so wäre, ob dies wiederum Auswirkungen hätte auf die Techniken der Emotionsregulation. Wie Asendorpf und Banse (2000) beschreiben, geht eine starke

13

Version der der Bindungstheorie davon aus, „daß die frühkindliche Bindung ein bedeutsames Persönlichkeitsmerkmal ist, weil sie bis in das Erwachsenenalter fortwirkt und die Qualität aller persönlichen Beziehungen beeinflußt" (S.192). Schwächere Versionen betonen hingegen dass frühkindliche Bindungserfahrungen lediglich als „Indikator für die aktuelle Beziehungsqualität" (S.192) gelten können. Stabilität über das Kindesalter hinaus sowie Konsistenz über verschiedene Beziehung hinweg wird hierbei nicht angenommen (S.192). Auch Ravitz et al. (2010) stellen fest, dass ein Bindungsstil ausschließlich für eine spezielle Beziehung innerhalb eines speziellen Kontextes oder unter bestimmten Bedingungen gelten kann:

> Thus, measures of (a) an adult's memories of attachment to his/her parents, (b) an adult's attitudes and experiences in a current romantic relationship, (c) general attitudes towards adult romantic relationships, and (d) an adult's parenting attitudes and behaviors towards one's children are not interchangeable. Furthermore, since patterns of attachment are fundamentally oriented towards dyadic interactions, patterns of attachment may differ for the same individual in different relationships (e.g., secure with respect to mother, but insecure with respect to father; or varying from one romantic relationship to the next). (S.421)

Laut Fraley (2010) ist es außerdem notwendig Wege zu finden, festzustellen, ob eine jeweilige Paarbeziehung grundsätzlich Bindungsfunktionen erfüllt oder nicht. Wenn dies nicht der Fall ist, würde eine Person möglicherweise andere Methoden der Emotionsregulation anwenden, als es bei bindungsrelevanten Beziehungen der Fall wäre. Denkbar wäre jedoch auch, dass – ungeachtet des Bindungsstils eines Menschen, der sich im Laufe des Lebens verändern und von Beziehung zu Beziehung variieren kann – die durch frühkindliche Interaktionen mit Bindungsfiguren erworbenen Möglichkeiten der Emotionsregulation weniger variabel sind und nicht vollkommen überschrieben werden können. In der Folge hätten spätere Bindungserfahrungen in der Kindheit und im Erwachsenenalter weniger Einfluss auf die Techniken der Emotionsregulation, die in Bindungsbeziehungen sowie in Beziehungen, die keine Bindungsfunktion erfüllen, angewendet werden. Es ist auch fraglich, ob Änderungen des Bindungsstils durch spätere Bindungserfahrungen sich auf Emotionsregulation innerhalb bereits bestehender Beziehungen auswirken, ob sich also beispielsweise der Umgang mit Wut in Interaktionen mit Mutter oder Vater aufgrund von anderen Bindungserfahrungen ändert, oder aber ob solche Veränderungen allgemein auf mehr Lebenserfahrung o.ä. zurückzuführen sind. Welche Faktoren genau den

Bindungsstil einer Person verändern können ist nach Fraley (2010) ebenfalls nicht hinreichend geklärt.

In psychotherapeutischen Settings und (sozial-) pädagogischen Bereichen stellt Beziehungsarbeit einen wichtigen Aspekt dar. Mögliche Optimierung und Veränderbarkeit von Bindungsstilen bilden hier die Grundlage professionellen Handelns mit dem Ziel Menschen zu einem zufriedeneren, gesünderen Leben zu verhelfen. Suess (1996) äußert sich zur therapeutischen Beziehung wie folgt:

> Sie bildet einen wichtigen Kontext für Veränderung, da in ihr Erwartungshaltungen des Klienten immer wieder auch ausgedrückt, bestätigt bzw. nicht bestätigt werden [....] Der Therapeut/Berater spürt gemeinsam mit Ratsuchenden die Wurzeln von Bindungsrepräsentanzen auf, fördert somit Verständnis für das So-Geworden-Sein und die Auswirkungen davon in reellen Beziehungskontexten, und dies eben auch in der therapeutischen/beraterischen Beziehung. (S. 110-111).

Diese Plastizität menschlicher Beziehungsfähigkeit über die Lebensspanne steht in Zusammenhang mit der Flexibilität des internalen Arbeitsmodells. Auch Suess (1996) betont, dass auch die Bindungsforschung für ein „organismisches Prozeßmodell" von Entwicklung (S.106) spricht.

Durch die Ausführungen von Mikulincer und Shaver (2007) wird deutlich, wie wesentlich sich Bindungsfähigkeit auf die Möglichkeiten der Emotionsverarbeitung und Emotionsregulation auswirkt. Um die Lebensqualität von Menschen zu verbessern ist es wichtig, wie Fraley (2010) anmerkt, mehr über Faktoren, die Bindungssicherheit fördern, herauszufinden.

4. Literaturverzeichnis

Asendorpf, J. & Banse, R. (2000). *Psychologie der Beziehung: Kap 3.4: Bindungstheoretische Ansätze* (S. 185-204). Bern: Huber.

Fraley, R. C. (2010). A Brief Overview of Adult Attachment Theory and Research. Verfügbar unter: https://internal.psychology.illinois.edu/~rcfraley/attachment.htm [27.07.2014].

Mikulincer, M. & Shaver, P. R. (2007). *Attachment in adulthood: Structure, dynamics, and change. Chap.7: Attachment process and emotion regulation* (S.188-218). New York: Guildford Press.

Pinquart, M., Schwarzer, G.& Zimmermann, P. (2011). *Entwicklungspsychologie –Kindes- und Jugendalter: Kap. 8: Emotionale Entwicklung* (S. 175-196). Göttingen: Hogrefe.

Ravitz, P., Maunder, R., Hunter, J., Sthankiya, B. & Lancee, W. (2010). Adult attachment measures: A 25-year review. *Journal of Psychosomatic Reasearch, 11,* 419-432

Schmieder, J., Leitner, H. (2013) Frühe Hilfen im Land Brandenburg: *Der präventive Auftrag in den Frühen Hilfen aus der Sicht bindungstheoretischer Erkenntnisse.* Henningsdorf: Landeskoordinierungstelle c/o Fachstelle Kinderschutz.

Suess, G. J. (1996). Entwicklungspsychologische Bindungstheorie: Beiträge für die Erziehungsberatung. In: P. Dillig & H. Schilling (Hrsg.). *Erziehungsberatung in der Postmorderne.* (S. 99-119). Mainz: Matthias-Gründewald-Verlag.

BEI GRIN MACHT SICH IHR WISSEN BEZAHLT

- Wir veröffentlichen Ihre Hausarbeit,
  Bachelor- und Masterarbeit

- Ihr eigenes eBook und Buch -
  weltweit in allen wichtigen Shops

- Verdienen Sie an jedem Verkauf

Jetzt bei www.GRIN.com hochladen
und kostenlos publizieren